Ilustración de MODA

Dibujo plano

Ilustración de MODA
Dibujo plano

Bath · New York · Singapore · Hong Kong · Cologne · Delhi · Melbourne

Parragon Books Ltd
Queen Street House
4 Queen Street
Bath BA1 1HE, RU

Producido por Loft
Ilustraciones: Elena Sáez y Maite Lafuente
Textos: Aitana Lleonart y Daniela Santos
Coordinadora editorial: Catherine Collin
Directora de arte: Mireia Casanovas Soley
Maquetación: Emma Termes Parera

Impreso en China
Printed in China

ISBN 978-1-4054-9217-1

Índice

DISEÑAR EN PLANO

Dentro del mundo de la ilustración de moda existe una disciplina que se caracteriza por la esquematización y visualización práctica de las prendas de ropa: el dibujo plano. A pesar de su aparente sencillez, para poder plasmar los detalles de la indumentaria es necesario tener en cuenta algunos aspectos que en ocasiones se pasan por alto y que otorgan a una pieza el carácter distintivo que la diferencia de las demás.

El objetivo de este libro es proporcionar los puntos de referencia y las variaciones necesarias para aprender a dibujar, de una manera sencilla y progresiva, diseños de moda en plano. La ventaja de esta disciplina es que no es imprescindible crear figuras humanas sobre las que ilustrar la indumentaria, algo que puede convertirse en una tarea complicada en función de las habilidades de cada uno. Este volumen está dirigido a las personas creativas a las que no se les da bien el dibujo de figurines, y ofrece la posibilidad de representar las ideas de una manera básica y funcional sin necesidad de aplicarlas al cuerpo humano.

Para empezar con buen pie es necesario tener en mente un concepto clave del dibujo en plano de moda: la simetría. El primer paso es establecer los ejes de la estructura: aunque la prenda incluya acabados asimétricos, debemos representar cualquier pieza (camisas, abrigos, chaquetas, pantalones o faldas) de manera proporcionada a partir del eje central. Este manual proporciona las herramientas necesarias para dotar, a través de múltiples ejemplos, de proporcionalidad y coherencia a todas las creaciones.

Aunque esta área del dibujo sea visualmente menos atrayente, es imprescindible en el estudio y las aplicaciones del diseño de moda, en la introducción al patronaje y en la confección. No se trata simplemente de mostrar las tendencias de la moda actual, sino de enseñar las técnicas adecuadas para poner en práctica y plasmar la propia creatividad de manera esquemática y clara.

Este libro ofrece múltiples variedades y modelos dentro de cada tipo de prenda: pantalones, blusas, chaquetas, camisas, ropa interior y complementos, y asimismo recoge las tendencias que han surgido en la indumentaria a lo largo de la historia del vestuario. Como ejemplo, en el apartado de pantalones se ilustran las formas y características de cada tipología, desde los más formales y habituales hasta las tendencias más diversas, como el pesquero, el bombacho, la falda pantalón o el tipo pirata.

De todos es conocido el hecho de que, en el mundo de la moda, lo que realmente otorga una estética personal y distintiva, son los complementos. Por este motivo, y porque forman parte fundamental de su historia a lo largo de los siglos, también se incluye una gran variedad de calzado y otros complementos como los sombreros, piezas indiscutiblemente necesarias para lograr una creación global y estilísticamente completa.

Gracias a los numerosos dibujos que aparecen en estas páginas, el lector podrá documentarse para estimular su creatividad y crear múltiples diseños, además de fijarse en todos aquellos detalles que habitualmente pasan desapercibidos pero que son extremadamente útiles a la hora de mostrar las formas de las prendas o la caída y la personalidad de los materiales: el trazado de las costuras, los pliegues o las arrugas.

Un manual práctico y básico que alimenta la imaginación y ayuda a plasmar sobre el papel todos los diseños de vestuario.

Cuellos
Puños
Detalles
Escotes

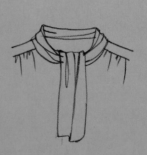   

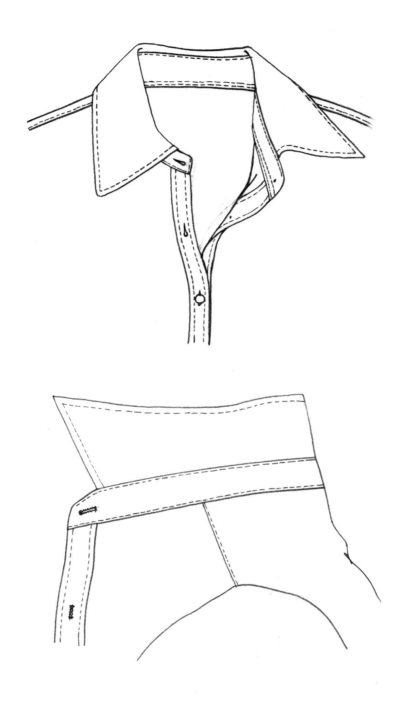

Detalles de cuello de camisa
Vista frontal y lateral del cuello de pico largo, con
detalle de pespuntes y ojales

Cuellos

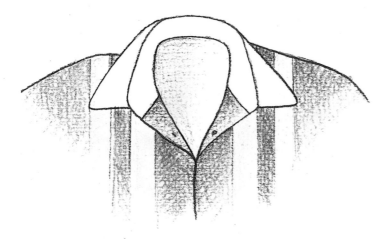

Cuello de camisa polo con botón
Este cuello está a medio camino entre lo formal y
lo informal

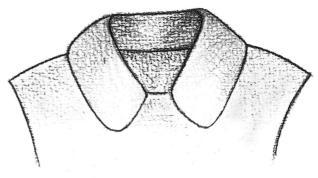

Cuello de bebé con dos piezas
También conocido como cuello "Claudine",
compuesto por dos piezas que se enfrentan y
terminan en cantos redondos

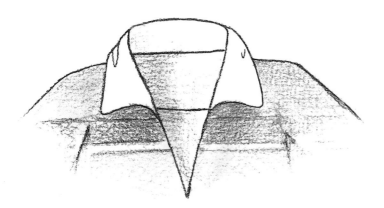

Cuello de polo abierto en pico
Variante del polo tradicional que sustituye los
botones por una pieza triangular de género

Cuello de chándal, prenda deportiva
Cuello redondo que se cierra con la misma
cremallera de la chaqueta

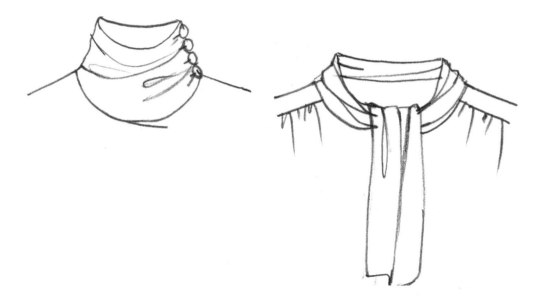

Alto abotonado
Sobrepasa la base del cuello y se cierra con
botones por detrás o por los lados

Foulard
Este cuello incorpora una pieza larga y
estrecha, de gasa u otra tela muy liviana

Bufanda
Se lo representa como una pieza larga y ancha
que rodea el cuello

Lazada
Foulard más largo que termina con
un nudo voluminoso

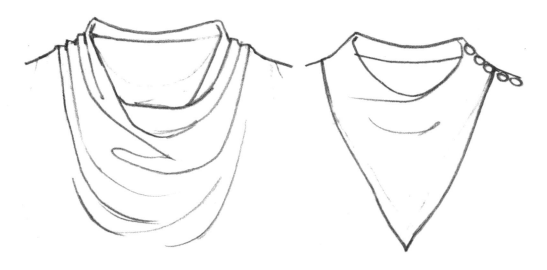

Drapeado
Escote de corte redondo o en pico que se
vuelca hacia delante con un cierto volumen

Bandana
Esta pieza de origen hindú (*bandhana*, "atar")
es un triángulo que cae sobre el escote
hasta la línea del busto

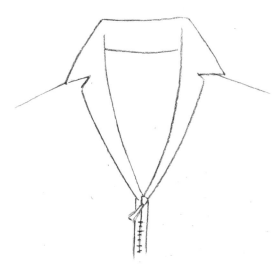

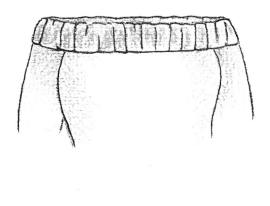

Cuello de pico con cremallera
Es la opción más utilizada para los jerséis de punto

Cuello de barco elástico
Escote que forma una línea recta que va de
hombro a hombro siguiendo la línea de la clavícula

Cuello smoking liso con botón
Parte delantera de la chaqueta, o abrigo, que va
doblada y cosida al cuello

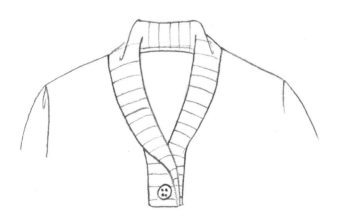

Cuello smoking con un botón
Las variantes de estilo se evidencian en detalles
como botones o texturas

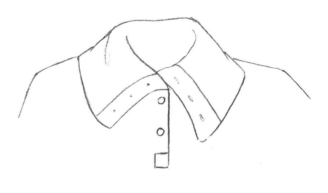

Cuello doble cruzado con botonera
Pieza reforzada con doble género o de un material
de mayor espesor que el de la chaqueta

Cuello con motivo arabesco
Silueteado de algunos de los elementos de los
adornos arábigos, compuestos de figuras
geométricas, follajes y cintas

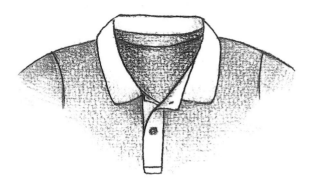

Cuello de polo con corchete
Es el cuello característico del polo y lo que lo
distingue de las camisetas

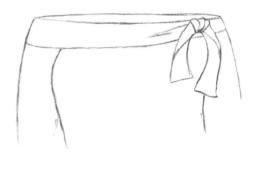

Cuello grande de barco con lazo
Deja los hombros al descubierto y se remata con
un lazo figurativo o real

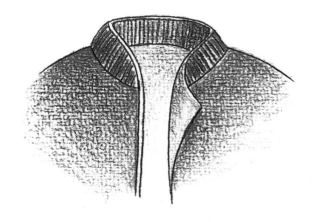

Cárdigan
Chaqueta de tela o lana, o suéter de punto, sin
cuello y que se abrocha por delante

Puños

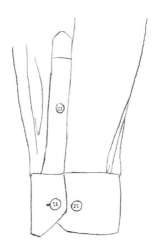

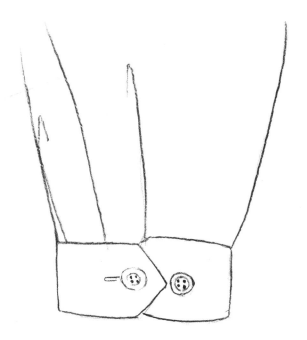

Puño de pico
Es el más tradicional y elegante, el favorito para los
trajes de etiqueta

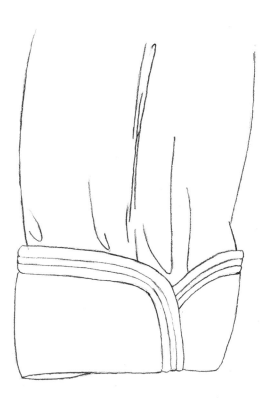

Puño vuelto
Tiene su origen en los puños de las casacas
masculinas del siglo XVIII

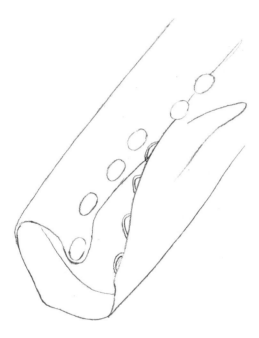

Puño abrochado con presillas
Para reconocer las presillas se ha dejado una parte
del puño sin cerrar

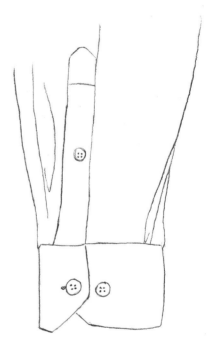

Puño de esquinas matadas
Una de las terminaciones de manga más populares
en las camisas

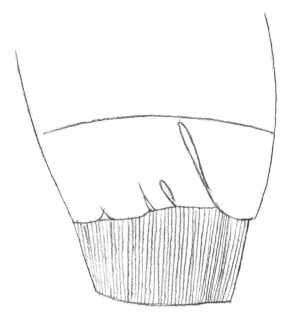

Puño elástico
Es característico de chándals, jerséis y cazadoras

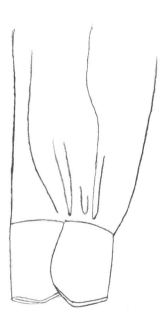

Puño camisero con forma de ondas
Pieza de terminación de la manga comúnmente
usada en blusas

Detalles

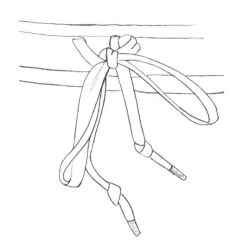

Detalle de manga de camisa
La ilustración se centra en las partes estructurales de la prenda

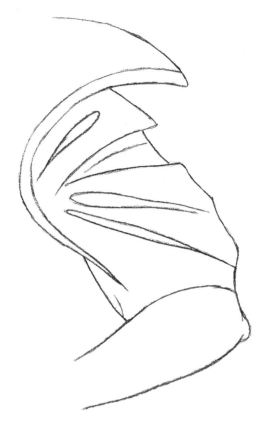

Detalle de media manga de camisa, doblando el codo
También muestra el comportamiento de la prenda con el movimiento del cuerpo

Detalle de pliegues de falda con vuelo
El doblez hecho para ceñir como pinza hueca da amplitud a la falda

Detalle de cuello ancho con vuelta
Más ancho y más alto que lo normal, este cuello tiene un fin decorativo

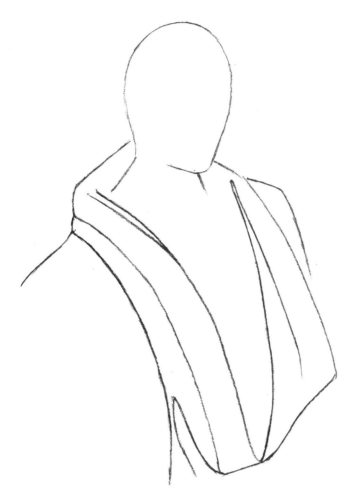

Detalle de cuello largo
Se utiliza comúnmente en vestidos ajustados y
abrigos, y estuvo muy de moda en la década de 1920

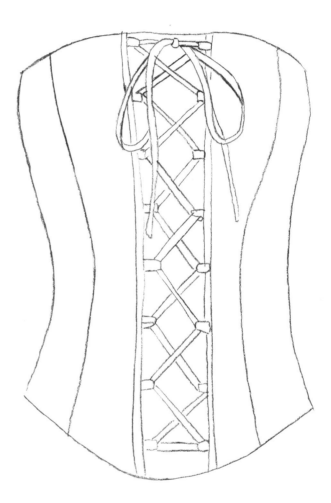

Detalle de acordonado de un corpiño
El acordonado regula la presión del corsé

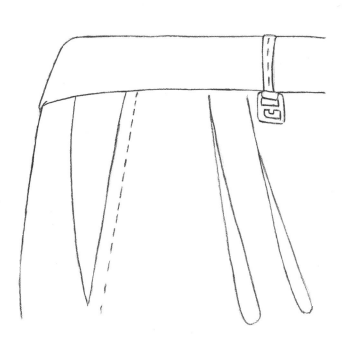

Detalle de pliegues de un pantalón con pinzas
Los pliegues por debajo de la pretina del pantalón
dan amplitud y libertad de movimiento

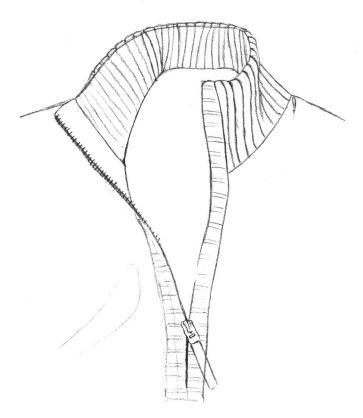

Cuello con cremallera
Se lo representa entreabierto para dejar ver
detalles de confección interiores y exteriores

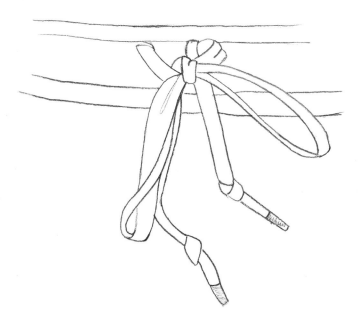

Detalle de un anudado
Este detalle es importante cuando el anudado
forma parte del diseño de la prenda o el accesorio

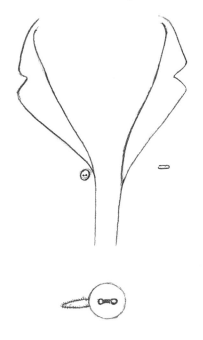

Detalle del abotonado del cuello de chaqueta
La alta costura incluyó los botones en la vestimenta
femenina a partir de 1930. Antes se usaban sólo
para la ropa masculina

Escotes

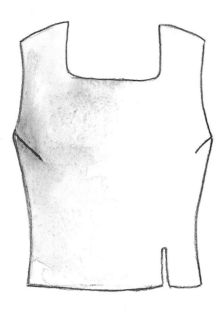

Escote cuadrado
Se le conoce también como escote francés y es bastante frecuente en las camisetas femeninas

Escote de corazón
Recorre la línea del busto, terminando en un pico de corazón. Muy utilizado en vestidos románticos

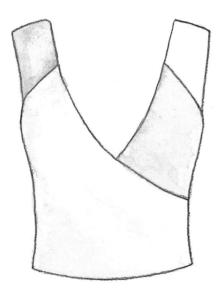

Escote Imperio
Baja hasta el busto, en forma de pico o V. Destaca los bustos generosos, y resalta los hombros

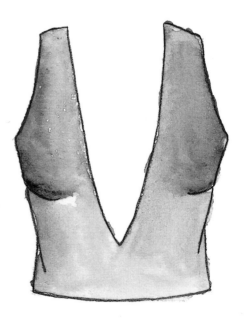

Escote largo de pico
Este escote, que llega poco más arriba de la cintura, es uno de los favoritos de los diseñadores en la última década

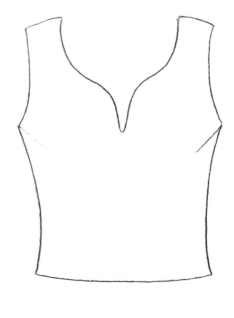

Escote de cuello de volante fruncido
Pieza única fruncida que cae sobre los hombros y
el busto. También se aplica sobre el escote
cuadrado

Escote de lágrima
Es el que baja en forma redonda desde los
hombros y termina en un pico ondulado a la altura
del busto. Su forma es la de una lágrima invertida

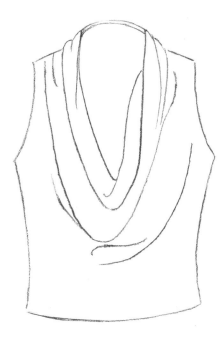

Escote de cuello de barca
Forma una línea recta que va hasta los hombros o las clavículas. Es elegante y bastante discreto

Escote de cuello vuelto largo
Escote de corte redondo, o en pico, también conocido como drapeado por los pliegues que genera su volumen

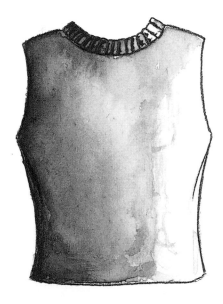

Escote de cuello vuelto
Se lo representa más ancho que el escote normal

Escote de cuello fruncido con cordón
Muy utilizado en las blusas de corte campesino o románticas

Camisetas
Camisas
Blusas
Jerséis

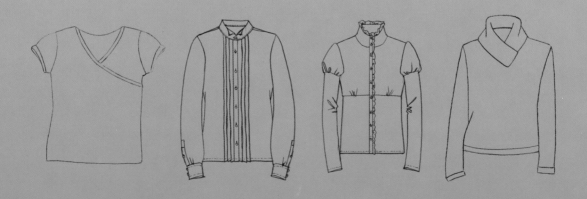

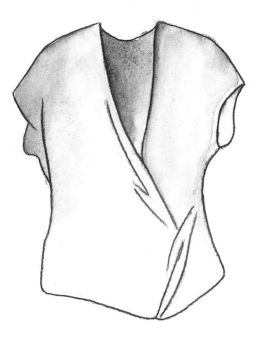

Camiseta
De representación versátil, esta prenda se ha
convertido en un básico del guardarropa
contemporáneo

Camiseta con cuello redondo
Es el modelo más clásico y el más extendido en los
looks deportivos

Camiseta cruzada con cuello de pico
La fuente de inspiración originaria de estas
camisetas son los kimonos

Camisas

Camisa con canesú
El canesú es la parte superior de la camisa o
vestido a la que se unen el cuello, las mangas y el
resto de la prenda

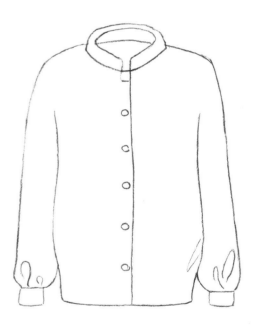

Camisa recta
Líneas netas para una prenda de estilo básico

Camisa sin mangas y con cuello de solapas de pico
Su forma surge de la evolución natural del chaleco
masculino

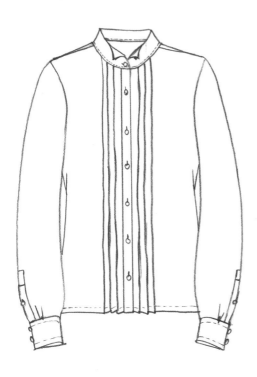

Camisa para pajarita
Blanca o de un color muy claro, debe llevar cuello
bajo para la pajarita y puño doble para los gemelos

Camisa con cuello mao
Toma su forma de la popular prenda china con
escote redondo y alto

Camisa estilo oriental
El detalle de los botones alineados al hombro y el
cuello mao delatan su indudable inspiración oriental

Camisa vaquera con un bolsillo
Tiene el patrón de una camisa tradicional, pero el
bolsillo y las charreteras son fundamentales para
definir el aire casual

Blusas

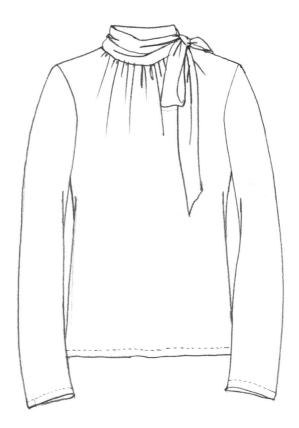

Zíngara
Blusa de inspiración nórdica que por su estructura
requiere definición en el trazo

Blusa con cuello anudado
Variante de blusa a partir de un detalle aplicado en
el cuello

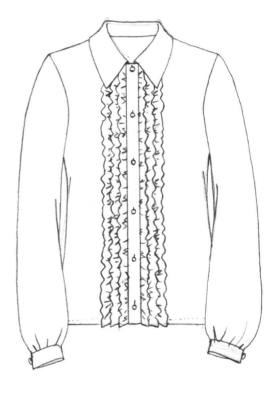

Blusa campesina
Se asocia a los estilos románticos, por eso se la
dibuja con líneas vaporosas y fruncidos

Blusa con chorreras
Blusa con tiras estrechas frontales que se cosen en
pliegues y en forma de pequeños volantes

Blusa de encaje con pechera
El encaje se combina sin traumas con todo tipo de
tejidos y es protagonista de terminaciones y
detalles especialmente en blusas y faldas

Blusa
Tradicionalmente fue la prenda de las campesinas.
En el siglo XX se transformó en un básico para
todas las condiciones sociales

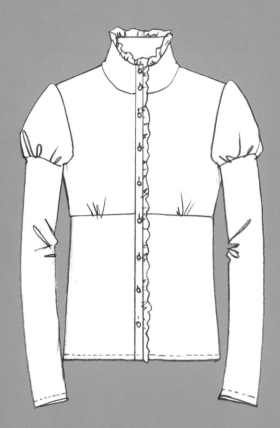

Blusa victoriana
Heredera directa de la era victoriana, esta prenda
va entallada al cuerpo, lleva cuello alto y pequeños
volantes y fruncidos

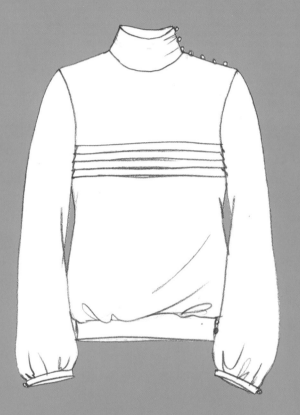

Blusa abotonada en el hombro con lorzas en pecho
Las lorzas o alforzas, son unos pliegues planos que
acortan el largo y se utilizan como adorno

Blusa ancha con cuello de pico
Se la muestra con los fruncidos en los puños y en
la cintura, que le otorgan volumen

Caftán
Versión occidental de la prenda que usan hombres
y mujeres en el Oriente Próximo. El largo varía
entre la cadera y las rodillas

Jerséis

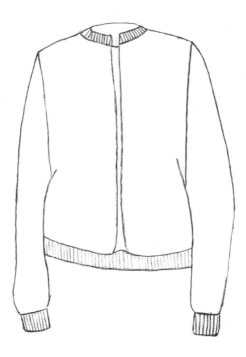

Jersey de cuello redondo
Esta prenda de punto o algodón, cerrada y con
mangas, se identifica por el elástico en puños,
cintura y cuello

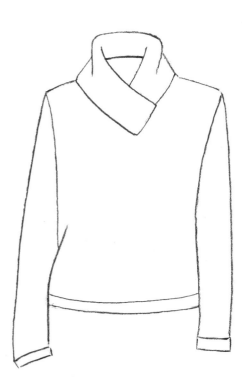

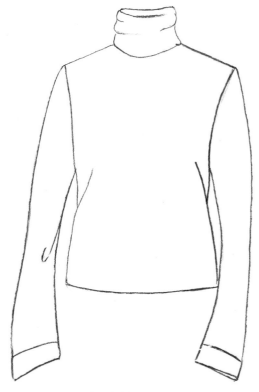

Jersey de cuello vuelto cruzado
Por ser una prenda básica, el jersey admite una
amplia variedad de representaciones

Jersey de cuello doble con mangas acampanadas
La versatilidad en los cuellos y las mangas no
cambian la esencia de la prenda

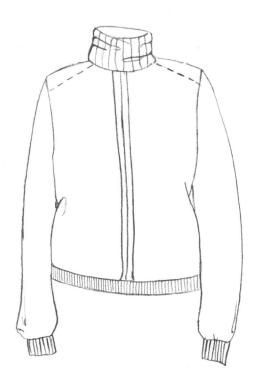

Jersey de cuello alto con escote y mangas estrechos
El canalé es un estilo de punto muy frecuente en los
cuellos altos de los jerséis por su efecto elástico

Jersey de cuello alto holgado, mangas estrechas y puños elásticos
Este patrón de jersey estiliza el cuello. Las normas de la elegancia
admiten sólo combinarlo con prendas ajustadas

Jersey cruzado con detalle de cinturón
La abertura frontal o sobre uno de los lados
convierte al jersey en una chaqueta

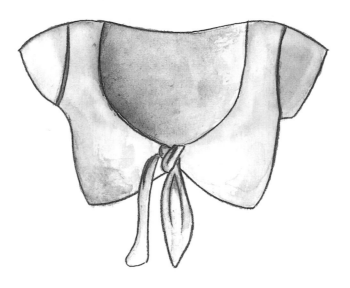

Top corto / Bolero
Tiene la estructura base de la chaqueta bolero
pero está confeccionado en un género más fino
que habilita variantes como los anudados

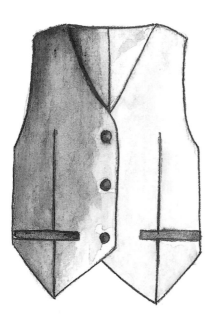

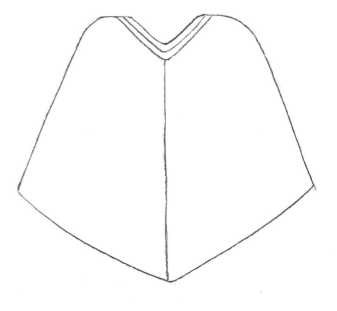

Chaleco con pinzas
El modelo clásico termina en picos, pero las
reinterpretaciones unisex de la década de 1980 les han
puesto puntas redondeadas y terminaciones rectas

Poncho estilo mexicano
Prenda de abrigo de corte sencillo que se ha
adaptado al *prêt-à-porter*

Chaquetas
Abrigos

Cazadora de cuero con cremalleras
De los motoristas a los rockeros, esta cazadora es
toda una definición de estilo

Chaqueta de solapa sastre
Junto con la camiseta de cuello redondo, la
chaqueta de solapa sastre conforma un binomio
identificativo del look contemporáneo

Chaquetas

Cazadora de cuello doble redondo
Esta prenda de abrigo se representa corta y
ajustada a la cadera

Chaqueta de solapa smoking
Prenda masculina que resultó de cortar un abrigo
para montar a caballo. La moda unisex la ha
instalado en el vestuario femenino

Chaqueta de solapa entallada
A finales del siglo XIX, cuando la mujer se integró a
deportes como la equitación o el tenis, esta prenda
pasó a ser parte de su indumentaria

Chaqueta con escote de cuello chimenea
Desde el siglo XVIII, cuando nació en Francia como
prenda para montar a caballo, la chaqueta ha
evolucionado como ninguna otra prenda

Coquetón marinero
Cierre cruzado y doble fila de botones dorados
caracterizan a este clásico de paño azul llegado de
alta mar

Anorak corto con capucha de pelo
Chaqueta impermeable inicialmente usada por los
esquiadores, con agregados de piel en la capucha

Ilustración de moda: Dibujo plano

Chaqueta con carteras
Los bolsillos adquieren protagonismo gracias a la
cartera, nombre con que se denomina la tira de
tela que cubre la abertura

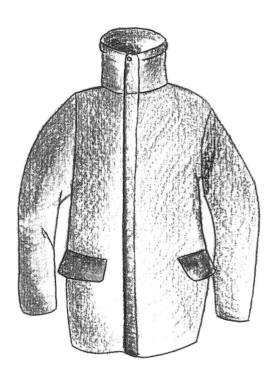

Cazadora vaquera
Sedujo a las estrellas del cine y el *rock & roll* en la
década de 1950. Desde entonces se ha instituido
como un básico de la moda casual

Anorak 3/4 de cuello doble
En su representación a modo de pieza inflada se
sugiere el interior acolchado

Abrigos

Abrigo de solapa de cruce entallada
El largo de estos abrigos no acepta faldas o
vestidos que lo sobrepasen

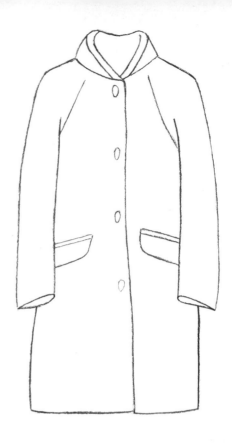

Abrigo con capucha
Esta prenda es una evolución natural de las capas
de abrigo

Abrigo de solapa de cruce recto
Prenda masculina de abrigo que sustituye a la
chaqueta del traje sastre y que requiere volúmenes
más contundentes en su representación

Chaquetón
Pieza de abrigo algo más larga que la chaqueta

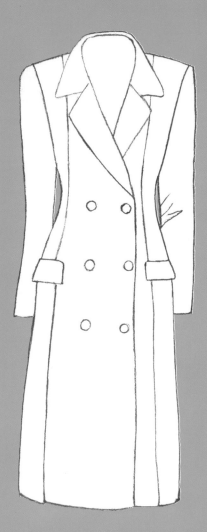

Abrigo de piel largo, vista anterior
Las costuras en los costados y el cuello de
chaqueta sastre crean una silueta vertical

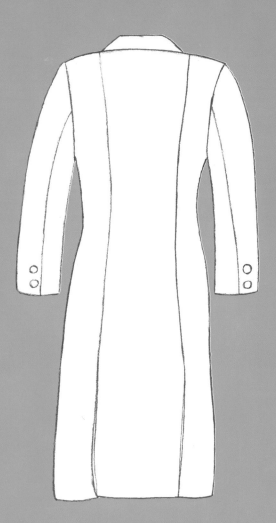

Abrigo de piel largo, vista posterior
El plano opuesto muestra la continuidad de los
detalles en el reverso

Gabardina
El dibujo muestra la capa cosida en los hombros, y
el lazo que caracterizan a esta prenda hecha en
tela impermeable

Gabardina cruzada con doble botonera
Versión libre de la gabardina con aporte de diseño
de los abrigos

Pantalones

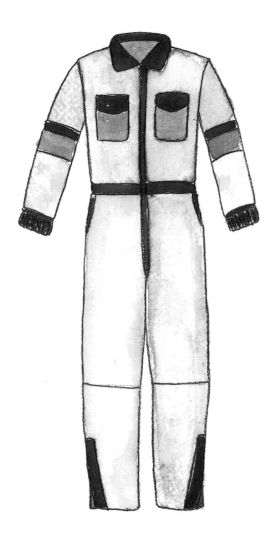

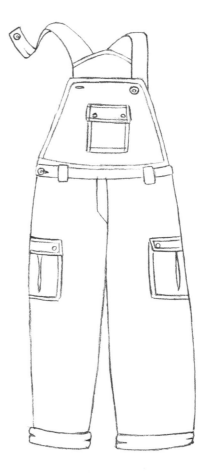

Mono acolchado
Prenda de una única pieza. Se puede representar
con variables en los bolsillos, el sistema de cierre y
el cuello

Peto vaquero
Mantiene las características del pantalón vaquero,
definido por las costuras con pespunte, los botones
metálicos y los bolsillos

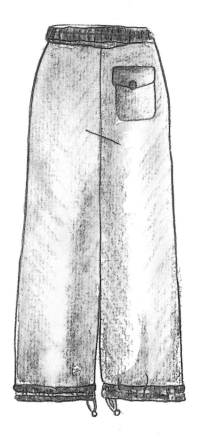

Pantalón pesquero ancho
Más allá de la forma con que se represente, el
pesquero debe mantener su largo apenas por
debajo de la rodilla

Pantalón de deporte "chándal" con cordones en las
perneras
El carácter deportivo de esta prenda se evidencia
en el diseño de formas amplias que facilitan el
movimiento

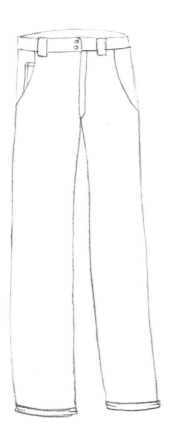

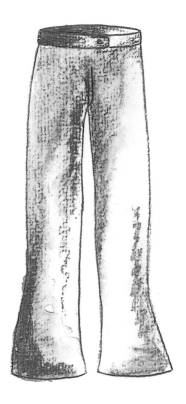

Pantalón recto
De típico corte masculino, en este pantalón
predominan las líneas rectas verticales

Pantalón de campana
La pernera se ensancha a medida que alcanza el
bajo del pantalón. Este modelo fue el favorito de la
era disco en la década de 1970

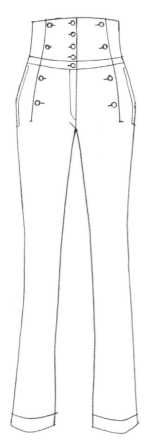

Pantalón "cadete"
Inspirado en los uniformes militares del sigo XVIII,
tiene como característica fundamental las líneas de
botones laterales

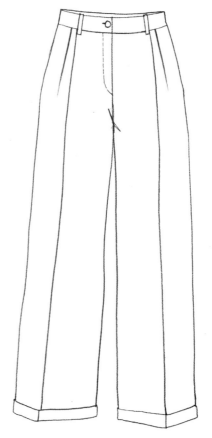

Pantalón "baggy"
Pantalón de piernas muy holgadas y cintura ancha
ajustada, muy popular en la década de 1990

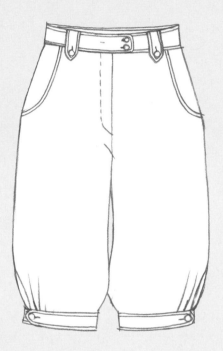

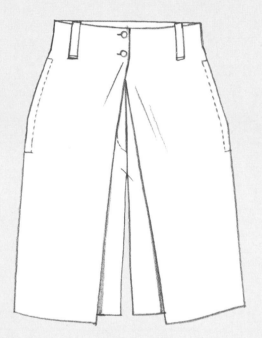

Pantalón de caza con vivos nickens
Ajustado en las rodillas, este modelo se inspira en
el deporte de la caza

Pantalón "delantal"
Se dibuja como dos piezas superpuestas, siendo la
de arriba como una falda

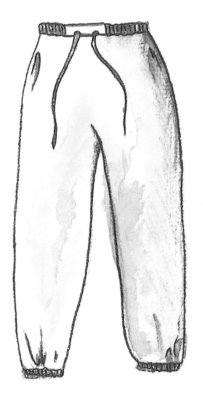

Pantalón de deporte "chándal"
Representación tradicional del pantalón deportivo

Pantalón de pijama
Para distinguirlo del chándal se ha agregado un
cordón en la cintura

Ilustración de moda: Dibujo plano

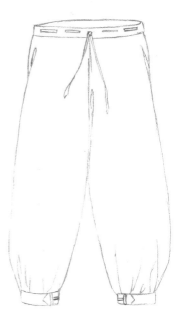

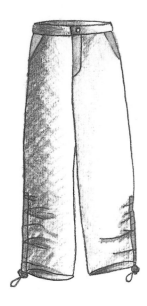

Pantalón bombacho
Prenda de perneras anchas con fruncido a la altura del tobillo y puño de pico

Pantalón de deporte "chándal" con cordones laterales en las perneras
Para representar un pantalón de uso urbano que ha traspasado la frontera de los gimnasios se le agrega un detalle innovador

Pantalón corto con detalle en el bajo
Esta pieza ya no es de uso exclusivo en la playa o los deportes. Los de líneas puras y colores sobrios forman parte del guardarropa urbano

Falda pantalón corta
Falda ancha abierta y cosida por el centro como si fuese un pantalón

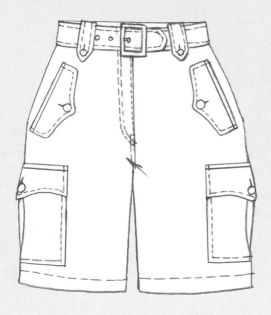

Pantalón corto safari
Bermudas que se representan con los pespuntes
característicos, generalmente de color caqui o
verde militar

Pantalón corto globo con lazo
Pieza femenina a modo de pantalón bombacho
corto

Pantalón sarvel
Para enseñar el corte especial de este pantalón, se lo representa abierto y extendido

Pantalón samurái
Esta prenda, que toma su forma de los pantalones del antiguo servicio militar japonés, se cruza por delante y se anuda en la cintura sobre una faja

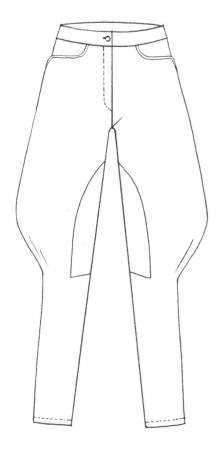

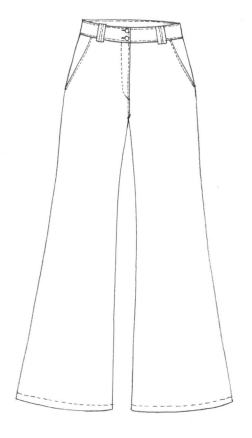

Pantalón "joompur"
Son muy holgados hasta la rodilla y se estrechan a
partir de ésta, ajustándose hasta el tobillo. Se usan
para montar a caballo

Pantalón campana
La pernera se empieza a ensanchar a la altura de
los bolsillos y alcanza el máximo volumen en los
bajos del pantalón

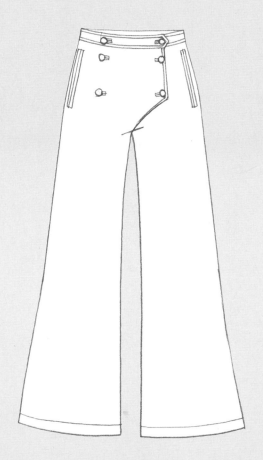

Pantalón marinero
Típicamente con una pieza frontal que se abrocha sobre el costado en líneas de tres botones, y con bajos muy anchos

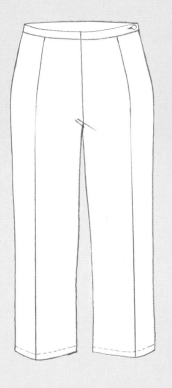

Pantalón pirata
También conocido como pantalón capri, llega a la rodilla, o un poco más abajo, y se ajusta a la silueta

Faldas
Vestidos

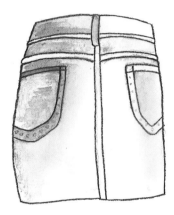

Falda con vuelo
El vuelo se representa por la forma triangular y los efectos de volumen

Falda de estilo vaquero, vista trasera
La perspectiva posterior de esta falda demuestra su similitud con el corte del pantalón vaquero

Faldas

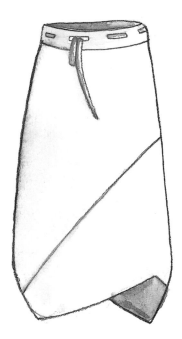

Falda asimétrica lisa
Variante moderna de la falda tradicional

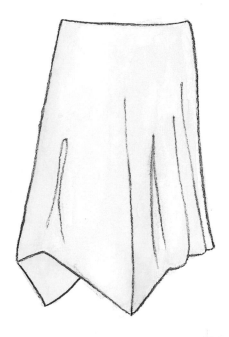

Falda asimétrica con vuelo
El efecto de movimiento es clave en la
representación de esta prenda

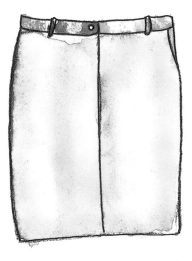

Falda corta y lisa
De corte recto, llega justo hasta encima de las
rodillas, esto es, algo más larga que la minifalda

Falda de forma trapezoidal cruzada con cinta
Pieza que se pone a modo de pareo y se ata en la
cintura

Falda con volantes en tejido de raso
Los volantes le aportan volumen y movimiento

Falda con volantes fruncidos
Esta variante más corta muestra un mayor volumen
gracias al fruncido de los volantes

Falda con cortes y vuelo
El corte ensanchado hacia el ruedo genera la
amplitud

Falda campesina
Tradicionalmente son largas hasta los tobillos y
tienen frunces

Falda vaquera con bolsillos redondos
La reinterpretación de la tradicional falda vaquera
se logra con pequeñas modificaciones como la
forma de los bolsillos

Falda vaquera con volantes
Un recurso para obtener un ligero volumen

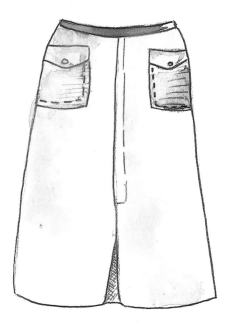

Falda con forma de enagua
Se representa como una falda ancha, generalmente
blanca y con encajes

Falda vaquera larga
De muy leve o inexistente vuelo, en estas faldas
predomina la línea recta

Falda tableada
Desde Coco Chanel hasta Wimbledon, las faldas
tableadas han estado siempre en la primera línea
de la moda

Falda line "A"
André Courrèges y Pierre Cardin impusieron esta
forma en la década de 1960

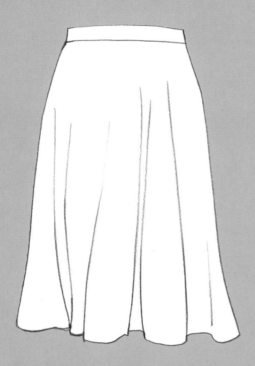

Falda bies
Mediante la técnica surgida en la década de 1930
de cortar el género en sesgo, se obtiene una
atractiva caída de la falda

Falda "can can" con tutú
Toma su forma de las faldas de las famosas
bailarinas de los salones de fiesta de Montparnasse,
París

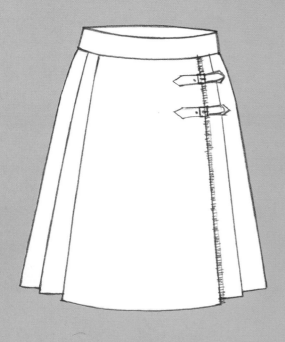

Falda escocesa
Esta prenda debe representarse tableada y con
abertura lateral, tal como la concibieron los
escoceses para montar a caballo

Falda con fuelle
El fuelle delantero aparece como una gran tabla
que otorga movilidad

Falda balón
Esta prenda que fascinó a Cristóbal Balenciaga, se ajusta en el ruedo mediante un elástico que queda invisible pero genera la forma inflada

Falda "safari"
Se representa con la cintura alta y los pespuntes característicos, generalmente en color caqui o verde militar

Vestidos

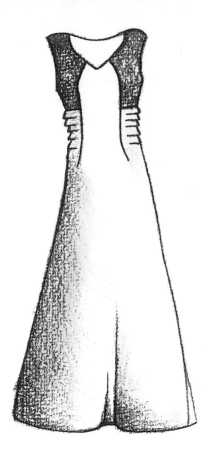

Vestido con jaretas
Los vestidos son ideales para recursos
ornamentales como éste, que consiste en una
serie de dobladillos

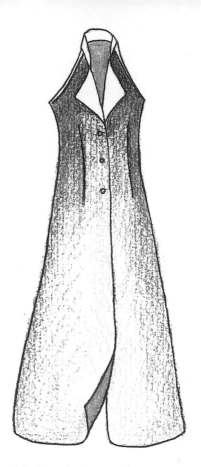

Vestido de sisa americana
Se lo muestra con un acentuado corte de la
sisa a la altura de las axilas

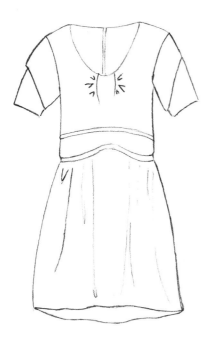

Vestido fruncido en el pecho y la cintura
Prenda de líneas rectas muy popular en la década
de 1920

Vestido con volante cruzado
Inspirado en las antiguas piezas de ropa interior

Ropa interior
Accesorios

Bata japonesa cruzada
Se representa como una pieza holgada y cómoda
que recuerda a los kimonos japoneses

Bata camisera con canesú
Se pueden generar alternativas con recursos
estéticos como el canesú o los entallados

Albornoz de mujer
Adquiere un perfil femenino por los ribetes y el
color con el que se le representa

Albornoz de hombre
Las mangas amplias y los grandes bolsillos le dan un
carácter masculino

Ropa interior

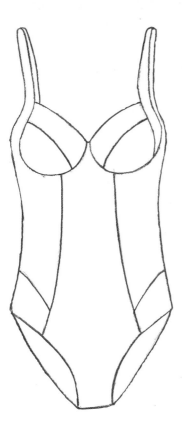

Body "balconet"
Esta prenda está pensada para resaltar la silueta, de ahí las costuras en la zona de las caderas, el abdomen y el busto

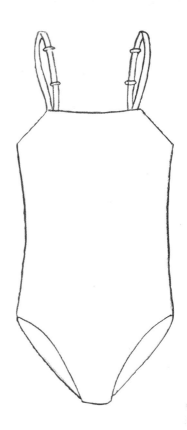

Body de deporte
Se distingue del anterior por la ausencia de costuras y un escote más simple

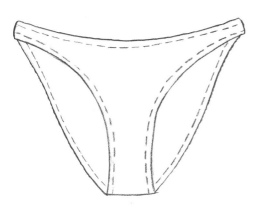

Braguita brasileña
Cubre un poco más que el tanga y menos que la braguita convencional

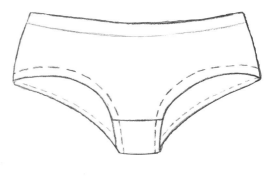

Braguita de talle bajo
Inspiración *pin up* para esta pieza de estructura similar a los antiguos culotes

Sujetador de bikini triangular con atadura al cuello
Se trata de una sola pieza que se sujeta por la
espalda con un lazo o un broche

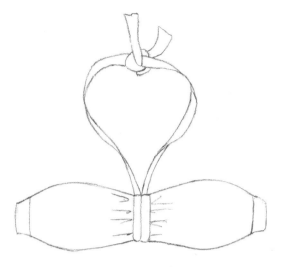

Sujetador de bikini tipo banda
Se abrocha sólo por la espalda y/o con un lazo por
detrás del cuello

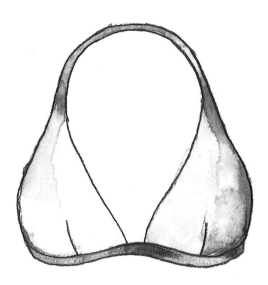

Sujetador bikini de triángulo
Su composición geométrica básica lo ha convertido
en un clásico. Las variantes se muestran en la forma
de sujetarlo

Bañador con pinzas
Pieza que cubre desde las ingles al pecho y suele dejar la mayor parte de la espalda al aire

Bañador con forma
Es el más usado en la natación como deporte. Las costuras curvas estilizan la silueta y facilitan los movimientos

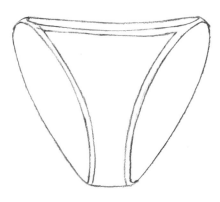

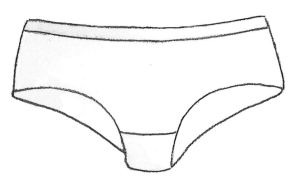

Braguita de bikini
Las finas tiras en los laterales la distinguen de la braguita brasileña

Shorty talle bajo
Tiene la misma estructura que la braguita de talle bajo, sólo que la ilustración le aporta color para distinguirlo como una pieza de baño

Accesorios

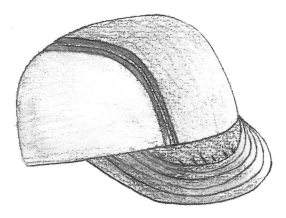

Gorra con visera estilo militar
Las formas redondeadas en la cabeza y la visera,
más el color, le dan el carácter militar

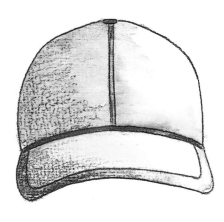

Gorra deportiva unisex
Tiene como característica fundamental una enorme
visera

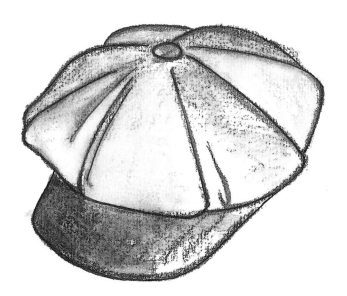

Gorra ancha
Heredera directa de las boinas, mantiene su
construcción básica en gajos de tela

Sombrero de media ala
El ala se recoge sobre la parte trasera,
representada en un doblez

Sombrero tweed
El dibujo revela el entramado de hilos de la tela, y sugiere que se trata de un sombrero de estructura rígida

Sombrero marinero
El casquete de forma redondeada caracteriza a este sombrero inspirado en el uniforme de los marineros

Sombrero vaquero "de cow boy"
Pieza que los cowboys adaptaron del sombrero mexicano. Se identifica por el ala ancha ligeramente doblada en los lados

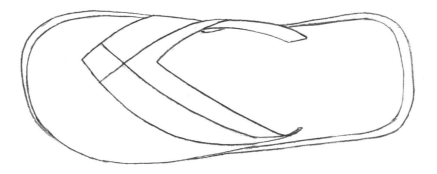

Sandalia flip – flop
Vista cenital de este calzado que consta de
dos únicas piezas: la plantilla y las tiras que
se enganchan en los dedos del pie

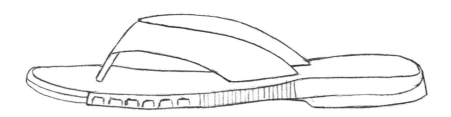

Perfil de sandalia flip – flop
Permite visualizar detalles de diseño como un
tacón pequeño y unas cintas anchas

Bota de estilo militar
Conocidas también como "Dr Martens" por el
nombre de su inventor. Han sido un ícono de la
estética punk

Bota campera
Sinónimo de la tejana, o bota cowboy, se
caracteriza por las elevaciones laterales para
facilitar calzarlas, y por el tacón alto

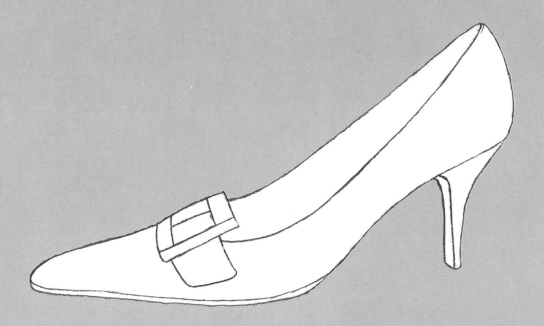

Zapatos de tacón
La variedad de diseños genera verdaderas piezas
de arte, que tienen en el zapatero Manolo Blahnik
a uno de sus mejores creadores

Zapatos elegantes de tacón con una tira en el talón
Líneas simples y carencia de ornamentos para ilustrar
un básico

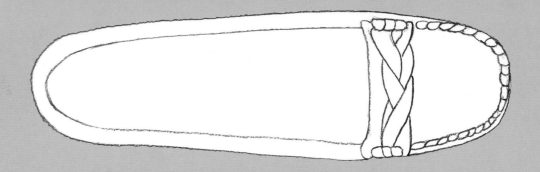

Mocasines
Calzado sin cordones o hebillas, hecho a imitación del
calzado artesanal de una sola pieza de piel sin curtir,
propio de los indios norteamericanos

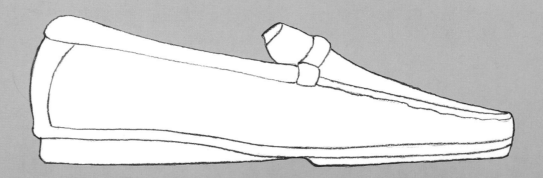

Perfil de mocasines
El plano denota la ausencia de tacón típica de este
tipo de zapato

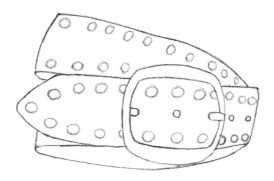

Cinturón con tachuelas metálicas
Se aplica como complemento de looks casuales,
preferentemente para pantalones o faldas vaqueras

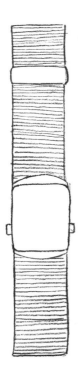

Cinturón estilo militar
Confeccionados en una tela resistente, sin orificios
gracias a la hebilla de presión

Cinturón liso
Estrechan el talle en faldas, pantalones y vestidos

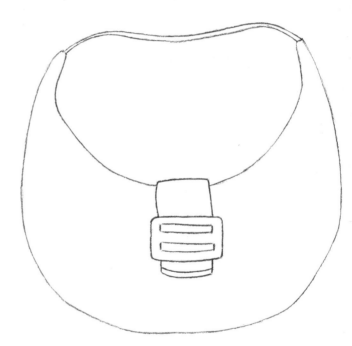

Bolso de mano con forma trapezoidal
De asas muy cortas que se funden con el cuerpo
del bolso

Bolso de mano con forma de media luna
Las hebillas de gran tamaño son una constante en
los bolsos de moda

Bolso estilo tweed
El aire retro se obtiene al recurrir a la tradicional
forma de monedero

Bolso cruzado
También conocido como bandolera; se cruza sobre
el pecho y deja libres las manos

Sumario